SI LOS CIELOS SE ROMPEN ABIERTO

Thomas P.Lind

SI LOS CIELOS SE ROMPEN ABIERTO

ISBN 978-0-9800989-2-1
0-9800989-2-0

EMPRESA EDITORA de LIND PUBLISHING, 210 Foxwood Drive, Brandon, Florida 33510-4013 Teléfono / fax 813 681 2551. mailto:tom.lind@live.com Reservados todos los derechos bajo de Ley y Convenciones Internacional de Copyright.

Contenido

SI LOS CIELOS SE ROMPEN ABIERTO

Gracias a todas las mentes del pasado

Que me han alumbrado.

UNAS PALABRA, ANTES

La Ilusión Del Mundo Aparece Tan Real; Pensamos Que Es Real.

Como poeta y crítico social, me da para ver donde otros dejan de ver. No critico para encontrar faltas, pero soluciones y indicar donde son necesarias. En mis canciones, elogio lo hermoso y lo magnífico, y consoló donde la miseria y la depravación son encontradas. Todo me concierne, porque siento empatía con la situación humana. Estoy preocupado si los niños se van a la cama hambrientos; si las mujeres son abusadas en vez de ser amadas; estoy preocupado por la persona sin hogar, y por qué la enfermedad ha sido convertida en una mina de oro, para explotar el sufrimiento y la miseria para el enriquecimiento de unos cuantos; estoy preocupado por guerras insensatas, y la proeza de políticos para su agrandamiento, y si todos los líderes religiosos en el mundo saben la verdad, o solo están jugando dados con nuestra posesión más preciosa, nuestra credulidad, nuestra espiritualidad y el sentido de lo espiritual.

Nuestro sentido de lo espiritual va más allá de cualquiera religión, dogma o credo, y abraza el infinito y el eterno. Es a toda la energía y materia, que podemos ver, en cuanto a lo que la energía oscura y la materia oscura son al Universo. La energía oscura y la materia oscura combinada, son más del noventa y cinco por ciento de todo el Universo. Lo que podemos ver es infinitésimo. A si es lo material a lo espiritual.

Hay en el idioma inglés una canción popular, que dice: "Lo que el mundo necesita ahora es amor, dulce amor." Y así lo he dicho, estoy de acuerdo completamente, pero quiero añadir que lo que el mundo necesita, con urgencia, es una mente equilibrada y un corazón abierto. En lo que sigue trataré de explicar que esto es posible, y esbozar una fórmula que todos podemos utilizar.

Es una suerte para nosotros los seres humanos, que podemos tomar control de nuestros cerebros, y por el cual tomar control de nuestras vidas y crear nuestro destino. La plasticidad de nuestro cerebro, es decir que es un órgano flexible, que responde a nuestras comandas, y esas comandas pueden ser beneficiosos o negativo. Es por ello que siempre debemos tener una actitud positiva, y nunca dejar que un pensamiento negativo cruz nuestras mentes. Tenemos que reconocer, todo lo que tomamos como concreto o abstracto del mundo, o el Universo es, son solo, Pensamientos, Ideas, y Conceptos. Nada mas. A fuera de nosotros no hay nada, a fuera de lo que pensamos. Lo que hay, es ondulaciones de energía que nombramos el Electro-magnetismo, que nuestros cinco sentidos convierte y proyecta como el mundo; como que crecemos que es. ¡Cada persona vive cerrado en su mundo individual que el ha creído!

Nuestro cerebro es un creciente y completo instrumento de aprendizaje, que en atención siempre esta esperando por nosotros, para órdenes nuevas, direcciones y actividades de aprendizaje a la que vamos. Es por eso que nunca es demasiado tarde para aprender nuevas habilidades sin importar la edad que tengamos.

Anteriormente se pensaba que nuestros cerebros no controlaba nuestras vidas, y que cuando llegamos a cierta edad; no podíamos aprender nuevas habilidades, pero las últimas novedades en el campo de la neurociencia han demostrado este mito equivocado. Tenemos reciprocidad entre nuestros cerebros, mentes y cuerpos, que influye una a la otra. Por otra parte, la secuencia de comandos para cambiar nuestras vidas y cambiar nuestras mentes y cerebros son de la siguiente manera: el interés, la intención y la atención, esto crea la motivación, y la motivación es la fuerza móvil de la acción. No dejes que tu vida vaya a la basura, y el cerebro se vuelve latente, y disfuncional. Desafíate a ti mismo a cambiar y crear nuevos intereses y una nueva vida mediante el uso de estas herramientas del Interés + Propósito + Atención = motivación. Motivación = Acción! Esta es la motivación y la ganadora círculo de circuitos, que nos permiten mantener una actitud de mejorar la vida a través de la vida.

Lamentablemente, muchos de nosotros, en los primeros meses y años de edad, cuando nuestro cerebro es más plástico y, en un estado de ánimo y actitud para el aprendizaje, estamos condicionados con negativos por Sers influyentes que nos deja en un círculo sin fin. Esto se manifiesta en falta de éxito, baja frustraciones y tolerancia, y nos deja la actitud de destrucción. Por otra parte, disponemos de una creencia errónea, que se convierten en nuestra segunda naturaleza y nada va a cambiar. Nada cambia hasta que lo cambiamos.

El imperativo es, entender este derecho humano de cómo trabaja la mente. Que la intención y la atención, podemos cambiar no sólo a nosotros, sino también, nuestras sociedades, y el mundo en general. Lo que esto significa para nosotros es que de momento a momento, podemos hacer de nosotros lo que queremos, mentalmente, emocionalmente y físicamente. Si no tenemos control deliberado para intencionalmente dirigir nuestras vidas, la vida no es de nosotros. No debemos abandonar la vida abierta al azar, aleatorio y caótico que vivimos.

De todos modos, nunca debemos deliberadamente abandonar este poder para controlar y dirigir intencionalmente y cambiar nuestras vidas. De este poder surge la potencia de ser lo que podemos y queremos ser. Tenemos que interiorizar esta idea, y llegar a la conclusión de que esta es la única forma en que es; esta es la única forma de vida, esto es nuestra naturaleza. Esto nos hace responsables, y debemos ejercer esta responsabilidad por libre elección. Es por elección que se decide lo que es nuestra existencia. Estamos en una matriz de proyección y, reflejo de ideas, pensamientos y sentimientos; estos se convierten en circunstancias extraordinarias y eventos en nuestras vidas, por la que nos dejan y dan sentido y valor.

CADA GRANO DE LA ARENA, ADORA.

La evolución se dice transforma energía a materia en
formas variada
La maravilla de todo esto encanta y a veces el alma
intimida.

Cada grano de la arena con un abrazo de amor
adhiere adorando
La tierra giratoria, viajando alrededor del sol
atrayendo.

Las ondas que se levantan de los océanos que no se
evaporan
Con la luz brillante del sol que su calor acrecía.

Y las Gaviotas vuelan sólo tan alto saben lo que
hacen
Viniendo sólo cuando el tiempo ha venido.

Sólo cuando el sol se levanta el día anunciando
Y en la noche cuando la luna aumenta alumbrando.

Las lluvias vierten rocíos aliviantes a la tierra árida
esperando
Las nubes pasan el tiempo revolviendo en el espacio
jugando.

Nos sentamos por la playa acomodadas asombradas
admirando
A cerca de los mares azules preguntando acumulando
la bellaza.

 Preguntando de las olas como fluyen con las
corrientes eternas
Cómo se elevan como se caen obligando de nada se
quejan.

La evolución se dice evoluciona al ser humano a
seres distintos diversos
El Alma crea el Universo complejo absolutamente de
nada.

Le dio al hombre una mente consciente inmensa para
su defensa
Como de la espesura del barro de la tierra hacer
grandiosa hermosura.

Como brotan de corazón a corazón amores y en el
jardín bellas flores
Como el corazón del hombre llega a pensar que las
rosas son diosas.

Como de la evolución surge el sentimiento de lo
Divino y que adorar

Viendo de verdad la vida es un tesoro y el alma vale
mas que todo el oro.

Como evoluciona la evolución de la nada no se
explica ni da el saber
¡Como del alma germina, nacen eterno el amor, la
belleza, la sabiduría!

CANCIÓN DE DANTE

¡Alexandra! ¡Alexandra!
Al día tu amor me deja
El desmayo también es que
El de Beatriz sé aleja.

¡Alexandra! ¡Alexandra!
Mi amor has abandonado
Celosa la vida estada
Del amor que Beatriz ha dado.

Quieto sin palpitar se deja
Si el corazón se perturbe
La mente misma se aleja.

Paraíso en tierra ajena
Sin amor y sabiduría
¡Eterno, no vale la pena!

14

INTRODUCCIÓN

Los poemas en, SI SE ROMPEN LOS CIELOS ABIERTO filosóficamente explora muchos puntos de vista y sentimientos, y puede dar la sensación de ser algo pragmático, que podría muy bien ser tomado. Sin embargo, esperemos que de esto se puede hacer más que eso; porque espero nos deje con mejor comprensión de la vida. Aun así, antes de pasar adelante, queremos seguir con lo que hemos dicho más arriba; más allá de la filosofía y psicología, a la metafísica. En primer lugar, debemos señalar que el hombre nunca ha encontrado satisfacción en su búsqueda y posesiones de lo material, pero sólo cuando se dirige a lo espiritual. Sin embargo, para comprender lo espiritual no es facial, resulta ser tan esquivo como los Ángeles en el cielo.

Sin embargo, en lo que sigue quizás podamos encontrar algunos destellos de luz. Nos permite comenzar con el intangible concepto: "Libertad Trascendental." La mayoría de las personas nunca han oído hablar del término. Esto supone a liberar la mente de los líos del mundo, y la mente de la propia mente. Cuando la mente se libra de todos sus impulsos de formar ideas, se logra la expanda vista de la conciencia pura, y vivimos en los cielos de Nirvana. Lo siguiente nos debe dar una visión más clara de esta, y como se logra.

Cuando el infinito, luminoso, todo trascendente es "Preciosidad" experimentado plenamente en "la esencia primordial más allá de todos los conceptos" de lo inmutable surgen a continuación, la sabiduría más allá del Absoluto, el infinito y lo eterno.

El que ve el transpirante "Omnipresente", tranquil y feliz, ve la conciencia trascendente pura; brillante y vacío de pensamientos discriminatorios, desprovisto de todas las sensaciones, los sentimientos y las emociones; él ha visto "la zona luminosa de la conciencia de la mente." Para él, todo se ha cumplido, no queda nada mas por conocer.

Puede parecer casi imposible, de comprender este desnudo con el intelecto; sin embargo, una vez que se experimenta, se convierte intelectualmente comprensible y emocionalmente satisfactoria. Esta experiencia se facilita mediante la práctica de la meditación.

Sin embargo, aquellos que han adoptado la práctica de la meditación deben darse cuenta de que es la práctica más allá. ¿Qué quiero decir con ello? El objetivo es sin esfuerzo, controlar la tranquilidad de la mente, el habla y el cuerpo. ¿Qué es lo que esperamos obtener de esto? Debe ser una incondicional evaluación de nuestra verdadera naturaleza; una inversión del mundo ilusorio que hemos creado y porque de él es que vivimos y morimos.

Desde la infancia, somos programados y condicionados a una manera impulsiva, a salir de nosotros mismos. Este movimiento por impulsos toma la forma de acciones, sensaciones, sentimientos, emociones, pensamientos e imágenes. Estos comprenden, y se cristalizan, como nuestro auto-concepto que se forma, en lo que pensamos que somos; se desarrolla. De estos, también creamos nuestro mundo, y proyectamos este mundo fuera de nosotros, y conceptualizamos las cosas, y un universo como externo, y objetos que son concretos independientes existentes de nosotros. Esta es una visión errónea de entender nuestra existencia; y muchas ramas de la ciencia ya se han postulado, esto como hecho científico.

En la meditación, podemos experimentar esto como hecho, en su desnuda verdad desnuda. Ahora es tiempo de contemplar los poemas en este libro. Tal vez, se puede encontrar un sol, que puede arrojar algunos rayos de luz sobre la eterna pregunta: ¿Quién soy yo, ¿Cómo vine aquí, y por qué?

SOPORTA MÁS ALLÁ DEL ETERNO

Hay el que a mí Llama,
'El Mí', que no es - mí,
Y no hay, el no - mí, tampoco;
Ya que esto sería un objeto de pensamiento.

Lo que es llamado el Mí es
Una Sombra, sin dimensiones, abierto,
Proviniendo de un vacío en sí mismo vacía.
¡El concreto es sólo un estorbo en el Vacío!

Ir más allá del desprovisto del vacío,
Póngase a un destino sin dimensión,
Selénico de pensamiento, y realice que usted es,
Sólo una conciencia pura que supera,
Una conciencia de autorrealización.

Los pensamientos, las formas, y las sombras son
proyecciones de la mente,
Sólo flotación, como reflexiones en un océano;
¡Más allá de tiempo paso, dónde el Mí no es!
Allí usted puede soportarse más allá del infinito,
¡Y el eterno será su casa!

La vida sólo transforma de un estado al otro
Como el espacio no se disminuye o extingue;
En sí mismo invisible, no tiene ninguna forma, o de
ser,
Aún son proyectos por su ojo inmortal todo
La belleza, y el colgar de nubes, los rayos del sol.

Thomas P. Lind,
Brandon, Florida, 2014

ADVERTENCIA

Estos poemas no intentan ser
Solo música, o para los oídos ruido;
Cada línea escrita es para exponer
Una filosofía real de la vida.

Este libro sé deber leer
No solo por placer, pero para deliberar,
¡Y un nuevo destino forjar!

Pero procurare para el placer
Danzas de las palabras hacer,
De los conceptos rima y ritmo
Para bailar en el espacio mental.

Con las canciones de la imaginación
Pinturas abstractas,
Que cambian sus formas con armonía de color.

Las emociones atinadas que trae el lector

Para acompasar será el pincel
Determinante de lo comenzado.

NUESTROS PREJUICIOS

Tan infiltrados son nuestros prejuicios,
Arraigados en nuestra ascendencia que se bifurca a
nuevos árboles.
El color nos ciega a ciertos colores, no vemos las
formas,
Que no queremos ver. ¡Denso es el laberinto de la
mente!

Esta tendencia implícita prejuzga todas las opiniones,
diferentes - nuestro propio.
Nuestro comportamiento social discriminatorio
destaca nuestro punto de vista.
Todo lo demás un forestal, denso, negro,
No atrevemos a entrar, ni explicar nuestros miedos de
explorar la amistad, el apego.
Secretos subconscientemente almacenados.

No vemos las flores en los caminos esparcidas, no podemos ver los signos
Que nos dicen bienvenidos.
Ni el control político de la mente. Las religiones que obscurecen, brindando
La ignorancia, la avaricia, y el odio.

Son las emociones vagas que levantan los varios sentimientos de enfade y rabia,
Abrumado por los fuegos para destruir el amor, y el chamuscado de corazones ardientes, ¡Endrogadas!
 El deseo por el gozo sin esfuerzo hace de la indolencia virtud. El robo sin Conciencia, por el gano,
Indiferencia a la justicia y la verdad. ¡Que Obsesión!

Exceso expuesto del calor, incinerando el rencor, secante de la compasión,
Enfermedades y enfermedades, todas nuestras enfermedades nos derrumban:
Quemadura de ciudades, vicios asquerosos, el cielo está contaminado, y el océano obstruido se ahoga.
¡Son Enfermadas también, el orgullo y la arrogancia!

¡También matamos alzando las armas de tiroteo! Sin juez.
Expresando frustraciones formamos alianzas con la ignorancia,
La colusión del mal es la colaboración de naciones para derrocar, las
Mujeres colectivamente agotadas, niños, jóvenes y los viejos.

Los hechos inevitables de nuestros prejuicios
Resultan en guerras insensatas al final. ¡Destruyendo
el porvenir!

Las cercas con espinas de hierro no dejan pasar al
enemigo, pero si el enemigo es
Dentro la mente, es inútil.
El hablar de aplacamiento son clichés de ambos lados
de la boca. ¡Resultando en la confusión y la
decepción!
Las actitudes de estereotipo de la percepción,
formaron el plan de eras pasadas,
Huellas en la arena aún para venir.

O B E R T U R A

LAS CANCIONES QUE QUEREMOS OÍR

¿Que me preguntas, de las canciones que quieres
Que yo cante?
¿Quieres que yo cante de las mariposas
Que adornan el aire?
¿De la fragancia de las rosas en el jardín?
Entonces cantare por la verdad:

Cantare libremente como un rayo de sol,
El baile en la cara de una flor.
Revolotearé libremente como las hojas que caen
De las manos cariciosas del el árbol su madre.

Adulare la mariposa en el aire, cuando de su vuelo
reposa,
Para bajar y busca en tierra, su lugar especial.
Diré un relieve de inspiración a la esperanza,
Dijere mi cantar a una vista gran de la vida.

El ahogamiento de la oscuridad alumbrare.
Desentierre nuestro sagrado, con mugre cubierto,
Bajo las sombras del tiempo oculto,
Detrás los siglos de la oscuridad degenerado.
De la desesperación haré lo bueno, lo bello, y lo
cierto
Son los derechos de nacimiento del humano.

Elogio con alabanza a toda la naturaleza.
De los dioses que nos mienten canto el despego.
Estas Son las canciones, si podes oír, que cantare,
¡Cómo las mariposas lisonjeras en el aire!

LAS MEMORIAS DEL CRISTAL QUEBRADO

Reverberan las sensaciones obscurecidas sutiles.
Rompieron los cubiletes del fino cristal. Vino
Que probaban, derramamientos del último sabor.
¡Amargo!

Se pintan las ventanas rotas que se rompen. ¡Pero se rompen!
¿De donde ese sonido viene? Siempre
 Trayendo los vientos fuertes del desastre.

Los cuadros de la memoria pierden su forma.
El vino no ha perdido su estrago (ni su destrucción).
El susto de ruina que traían los vientos, nos
desploma.

Las sensaciones negrillas sutiles, idas que marea,
Como las ondas de los océanos que todavía desfloran.
¡Están rabiando!
¡Las memorias de corazones quebrados duran más tiempo!

¿Cómo son diversos los sentimientos del reflejo?
Que desbordan los corazones quebrados de cristal.
¡Nadie sabe el dolor, como los corazones
traicionados!

SIN CAUSA O RAZON

La ilusión no tiene paramito, ni la imaginación borde.
Pero el hombre engañadamente piensa,
Que todo lo que él piensa es la verdad,
Sin causa o razón.

Los dioses que nos abandonaron,
No merecen nuestra adulación,
Ni, Los diablos que imaginamos.

Si el hombre se desvió de su vía,
No son los dioses que castigan su caída.
Es el hombre que, a sí mismo deslumbra;
Es la tontería, y su locura que lo castiga.

El hombre cree en lo que no puede ver,
Ciego a la realidad no sabe la verdad.
Pero lo cierto es, que nosotros,
¡De todo somos los responsables!

SI LOS CIELOS SE ROMPEN ABIERTO

Mis sentidos me dicen que estas por allí,
Me dicen que estas ocultando mi visión.
¿Eres tú, o yo quien obstruye el flujo? ¡El futuro!
¿Eres tú, o yo quien está parado a fuera, allí?
¿Cómo lo sé que no soy tu sueño,
 Que estoy soñando, o soñaba la noche anterior?

¡Responde mi llamada por él nombré que, te di!
¿Puede oír la llamada si tus oídos son mudos?
¿Sabes hablar en todo lo dicho, si se ahoga tu voz?
¿Si las nubes deciden ocultar tu cara encantadora,
 Si la verdad de la visión se escurre también?

¿De quién es el amor no libremente dado, si se
esconde?

¿Si los cielos se rompen abiertos, revelaría la verdad?
Mi voluntad revela el amor que te di, lo que soy.
Espero el único amor que puedes dar. Da lo pronto.

Es realmente duro decir, si alguien está a fuera, allí,
Está escuchando, esperando. Es difícil ver la verdad,
¡Con la confusión de los sentimientos de corazón!
Aun, la ausencia del respondo, y el silencio profundo,
Hace de la esperanza abismó sin fondo.

LAS SONDAS DE TU AMOR

¿Que tienes estas mañanas cuando
No es el sol que esta hablando?
El que habla abusando no oye
Su sonrisa, ni el que tiembla por
Los cielos su temblor.

¡Las cosas no son como son
Hasta que lo son! Y hasta cuándo.
Pero te diré lo que quieres saber,
Y esto es lo único que te diré.

Las esperanzas de tu anhelo son espías
De me corazón, Quieren saber lo que pienso.
Pero solo con tu voz hablando
Puedo responder,
Al sentir las sondas de tu amor.

LO OCULTO NO SE VE

¿Que riña tienes conmigo?
Si la vida es temporal,
Y el morir para siempre.
La Angustia de me vida
Es tu culpa por que no
Mi dices porque vivo,
No me dices cómo
Es la vida, como amar.

La culpa es tuya porque
Me has abandonado, aunque
La vida me has dado. Sin
Auxilio camino, y hasta nado
Perdido en las selvas,
En los mares al fondo.

¿Así, qué es tu riña con migo?
Me has abandonado aunque
En todas partes fue buscando;
Nunca mas te encontré; ni en
Las nubes cubriendo los cielos.

Pero para mí es simplemente
Aparente, que eres un Tesoro.
Oculto, escondido de todos los
Seres humanos, que has creado.

DESAMPARO DEL PORVENIR

El que lo tuvo, y no lo tiene
La fortuna lo abandonó, pero
Quién tiene la culpa sino no
Lo supo aprovechar. Es dicho,
"Que la fortuna no tiene dueño,
Pero la desgracia a todos busca."

Un Filosofo dijo, "Que la vida es
Un sueño, y el porvenir mentira."
Más bien dicho podrá ser: Que,
La mentira es del hombre que sé
Apoya con su mente contra los dioses.

Reza a sus alucinaciones que le den
La buena surte, pero al fondo recuperara
Mas o menos, ¡sol lo que él pensará!

La mentira se toma por la verdad, pero,
¡La verdad! La verdad, nunca puede ser
Mentira. El que piensa que recobrara

Su fortuna acogiendo a los dioses,
Contiguo solamente viviera con su mentira,
Infinitamente. ¡Desamparando el porvenir!

II

El que miente a sí mismo
Solo a sí mismo lastima,
Pero, el que al mundo miente,
Mayor es su mentira
¡Porque, es traidor!

Al acocear la vida, ella responde
Con dolor. El cielo nunca será
Recompensa para el que acobarda,
Porque, solo el valor lo ganará.

Son las mentiras que nos arrojan
Contra los vientos clandestinos;
Pero, de verdad, el destino es nuestro,
¡Si a tiempo lo, agarramos!

PENA DESDE LA VENTANA

La pena esta sólo a la vuelta de la esquina,
Podría ser visto desde la ventana,
Si tomáramos el tiempo para mirar.

El alto edificio tembló, ocultando
Secretos que vibran desde el suelo de la tierra.
La cumbre de sus oscilaciones de cabezas, confusas

Con explosivos altos, o aviones traicioneros.
Pero ahora nadie sabe. Antes nos preocupamos,
Nadie da a un maldito las gracias, porque se desmiga.

¡Triste! Tan viejas las carreteras de caminos rurales
Escondidas. Tantas torceduras torcidas y revueltas.
¡Perdidos! ¿Quiénes saben encontrar un camino?,

Alrededor del laberinto. Los mapas y las
Libertades nuestras, que usamos para confiar
En el silencio y gozar la vida, no están alrededor de
la esquina,

En la tienda de cinco y de diez centavos. ¡Cómo
siempre!
El caramelo está ahora en la tienda del dólar,
Adonde, para crear sus niños, el pobre hace compras
de basura.

Los mapas no son libres más, cuesta diez dólares,
Y honorarios para abrir las puertas de la libertad.
¡Libertad!
Nunca fue libre y nunca será libre.

¿La moraleja que ellos dicen que es baja, cómo
sabemos porqué?
Pueden ser los edificios altos, y también él sin
empleo.
Tasas de interés más alto que el cielo. ¡El costo de
guerra!

Y haciéndose más alto por día. ¿Y que de la
libertad?
Es caída con el edificio más alto que se derrumbó,
Las cenizas entierran sepultadas, y enroscaron el
suelo. ¡Basta!

La pena puede ser vista desde la ventana,
¡Si tomáramos el tiempo para mirar!

HÁBLAME

¡Háblame! ¡O, noche!
En la noche, en la oscuridad, en la luz,
Siempre, pero habla.

Me arrastraba cuando alguien dijo:
Él caminará y verá el día, y
Preguntará algún día, por la noche.

Los días tienen el girasol y las camelias,
Los crisantemos y el hibisco, y todo
Ese enigma que el dan su mérito.

Entonces después, por todas partes todo lo que veo:
¡Consternación!
Las reflexiones repetitivas de mis pensamientos,
vagan,
Puestas en orden, en paquetes de abandono, ¡ni los
pobres aprovechan!

Oigo el tecleo alarmante, señal de un reloj
Que suelta tiempo, batiendo en la estirada
Membrana de mi corazón—como, ¡tambores
rituales!.

Y el bailar, pasos contornos del dolor.
La noche por otra parte contesta nuestros
Pensamientos con el silencio de lo escondido, el
¡misterio de la obscuridad!

Pero me dejaron pensar y preguntarme: ¿Porque?
Las noches están llenas del vacío en el cual
Puedo ocultar mis cuidados, esconder la quemadura
del sol y lo hago, y ¡Grito!

Pero, las noches también tienen las estrellas y puedo
cargar, conseguir
El perdido en sus sombras. Y el misterio más grande
De las noches, su luna: ¡O, cómo!...

Ella ha guardado mi compañía todos estos
Muchos años. En la noche camino solamente
Con la luz de la luna como compañía.

Camino mirando las chispas de cada estrella.
Y me pregunto, ¿Porqué?
¡O, noche! ¡Háblame!

EL AMOR PERDIDO

¿Porque te fuiste sin decir adiós?
Pensé que eras como el tiempo,
Que se va pero nunca regresa.
Robaste lo que me dio el viento,
Todas mis esperanzas de amar.
Té perdono pero no olvido
El dolor del amor perdido.
Has regresado, por mi alma,
Pero mi alma nunca más atormentarás.
Hoy enfrente de mí estás, pero,
Como el ciego no te puedo ver.
Porque perdiste todo lo que te di.
¿Cuándo te fuiste donde pusiste
Todo el amor que era nuestro?
Regresaste con ello perdido,
¡A un corazón herido!

LA ESPERANZA

El desamparo, se alivia por cada día
Que me das el amor que te pido y quiero.
La desesperación, desesperanza,
Desaliento, desaparecen con todo
El amor que los dioses te dieron.
Anda conmigo, en los caminos adonde te busco
Antes que yo muera, por que
Si antes muero, la vida será un horrible error.

EL SER DE LA VIDA

La miseria busca aquel que la abraza,
Pero, el ser de la vida eso no puede ser,
Si no, buscar la tierra adonde la inspiración se
esconde.

Siempre hasta la muerte,
Pero el cobarde en la vida muere...
¡Muere mil veces más, antes de su tiempo!

Mirar así por donde está el horizonte, es aya
Por donde las olas del mar de la vista se pierden,
Es aya donde el sol abre sus ojos para vernos.

Siempre hasta la muerte,
Pero el cobarde en la vida muere...
¡Muere mil veces más, antes de su tiempo!

Es aya donde el día comenzó la esperanza.
El ser de la vida es oír el canto de los pájaros

Cuando vuelan por los cielos a su destino.

Siempre hasta la muerte,
Pero el cobarde en la vida muere...
¡Muere mil veces más, antes de su tiempo!

Es por el cual, las Gaviotas vuelan al Polar, y
Vuelven a ir, siempre donde comenzaron. Es por
¡El cual, buscamos un hogar de paz y de amor!

Siempre hasta la muerte,
Pero el cobarde en la vida muere...
¡Muere mil veces mas, antes de su tiempo!

CON LA MENTE SE HACEN

Los golpes de la vida son
Tuyas propias, porque no oyes
La voz interna, el susurro del
Coro del alma herida.

La conciencia, tus lamentos
Ahogan, pero nunca paras a
Oír lo que dentro del se oye.

A los dioses preguntas porque, el
Destino te abriga, cuando el
Destino es tuyo para hacer.

Hagas lo hecho toda la culpa
Es Tuya. ¿A quienes puedes culpar?
Ni los Ángeles que te amparan,
Ni los diablos que siempre te buscan,

Porque solo con la mente
Asemos la vida que queramos.
A sí también siempre se hacen,
¡Los golpes de la vida!

ONDAS DE LOS OCÉANOS

¿Qué son las ondas? Son balanceo de los océanos,
azul verdes con los rociados blancos espumosos,
que de la superficie resbalan fácil, aparentemente.
Pero es de sus aumentos profundos que la furia
del pecho, cólera que acometen, salé, y apilan
el descontento:
Para las naves del pirata que ella ha apoyado.
Abusando de ella las caricias, contaminando el
corazón.
¡Lamentación de vidas robadas!
¡Ahogadas!
Él zúrzase sin dolor viene con las ondas que se
quiebran,
cuando los litorales amistosos las saludan
con muchos granos de la arena,
que cuidan el dolor y alivian la pena.

EL AMOR DE LA MADRE

Mujer ve a esta mujer que es tu madre,
De su vientre sales para ver la luz del día.
De ella surges para aspirar los vientos,
Porque ella es el ejemplar de la vida.
Ruega que todos los días su amor sea tuyo.
Hombre, mírala bien, que sin ella
Nunca podrás haber tenido tu día.
Cuidadla con candor, cariño y amor,
Por que parientes serás también,
Dándole al mundo un futuro de alegriílla:
Las mujeres y los hombres que aman
La vida, respectando el amor de la madre.
¿Que se puede decir, que puede ser más grande?
Que el amor de la madre. Ella descubre los
misterios del mundo, y da su ultima gota de
Sangre por la vida de sus hijos salvar,
Solo pidiendo un abrazo en turno, si no se da,
¡Ella siempre se obliga a cuidar y amar!

NO COMPRAMOS EL MEDALLÓN DE MARIA

En cruce de países corriendo con la velocidad de la luz,
Saltamos sobre fronteras de naciones, enturbiándose
Los vientos se llenaron de la arena y nos echaron agua de la
Tierra santa. Los cristianos nos saludaron cruz en mano.

Los vestidos étnicos y los turbantes volantes estaban
Ahorcado en líneas que se entrecruzan para secarse.
El vuelo de pelo de las doncellas, con brillo del aceite de oliva,
El baile de pies desnudos para hacer el vino de mejor sabor.
¡Todo aparece ser en vano!

El vagabundeo por iglesias almizcleñas, y ventanas de cristal pintorescas,
Coloreado, débilmente perfilan la cara de Cristo,
Miramos hacia atrás con esperanza las paredes con cortinas púrpuras,
Para desenmarañar la promesa secreta de la cruz colgante.
¡Todo aparece ser en vano!

En bibliotecas escondidas, buscamos las páginas del papiro
De escrituras antiguas que resisten los delirios del tiempo.
Participamos en toda la celebración de vigilias de la noche,
Simulando otra vez la muerte de Cristo por nuestros pecados.
¡Todo aparece ser en vano!

Venimos a casa otra vez vacíos como cuando nos marchamos,

Recordamos realmente todo brillantemente, las manos torturadas
Que con cuidado contaron, las cuentas del rosario uno tras uno.
 Pero no acordamos comprar el medallón que encontramos
De la Virgen María escondida en nuestras pertenencias —
¿De adonde Apareció? ¡Por supuesto, nada es en vano!

El milagro aparece en lo hecho,
¡Con el poder de la creencia se hace todo!

UNA PAGINA DE LA HISTORIA

En distancias lejas y boyantes se miran las pirámides de Egipto, sin piedad ellas perforan el cielo, mucho antes que dejamos las orillas de Grecia. Vagando las cercanías de civilizaciones destruidas y perdidas, despertando antes del amanecer de la historia, remontamos las raíces de nuestra ascendencia. ¡Un espejismo de la arena!

¿Cómo aprendimos, o porqué subieron los árboles los hombres? O utilizar las cuevas como hogar. ¿Cómo descendimos para comer las frutas en la tierra, que comer? ¿Cómo encender el fuego, una luz en la noche? Luchar con los impedimentos feroces, barbarices que sé escondían, y los Dragones de la mente con todo su fantasía. Evitar los reptiles que se arrastran para inyectar el veneno; vivar con las tormentas y los volcanes que azotan calor, caminando con pies ardientes.

¿Cuándo aprendimos, que nosotros podríamos pensar, reflejar en lo que pensamos, y dar a otros un nombre de familia, el cuidar para los niños. ¿Es reciente, nosotros no hemos aprendido estas habilidades bien? ¿Cómo nos gobernamos antes de que descubriéramos las reglas de la Democracia? ¿Estaba por los garrotazos, tirando las mujeres por el pelo? La democracia no mucho ha cambiado.

Cuando se hizo que cruzamos el umbral de la imaginación, abriendo la puerta del concepto, llevando palabras al aborigen con el significado abordado, y abarcar. Sordos son los sonidos del corazón humano, que expresaba aspiraciones del espirito, para el desarrollo a otras mentes receptivas. ¿Qué imperios del pensamiento global que se convierten exploraremos? Describiendo intenciones equivocadas.

Explorando antes de que los Vikingos navegasen los mares que montaban, sus hazañas se deben excavar, así también las culturas, que trajeron y tomaron a mezclar. Recuperemos el conocimiento del filósofo antiguo perdió después de la caída de Roma. Abrir "las librerías" de los imperios de los musulmanes que se esfuerzan, y conseguir el conocimiento detrás de la perdida del tiempo.

Antes de que las palabras fueran escritas y la prensa se descubrirá, las ideas y el pensamiento eran llevado adentro en la memoria, pasadas, encendido por la palabra de la boca a audiencias en la distancia. Por supuesto el punto de vista era una opinión encerada recitada a los pocos que podrían entender. No sabían más, sabiendo menos, que las canciones que oyeron.

Yendo detrás los siglos lejos y de par en par, quizás más apropiable detrás de las cuevas milenas, podemos ver las sombras de las memorias que se descoloran. ¡Cinco mil años de viejo! Más lejos, agregamos la especulación a la conjetura. Presumiendo sin la evidencia de la prueba, enviando mensajes de error a las historias, páginas por el cual evidenciar nuestra ignorancia.

Mucho que sabemos es tal: la especulación, conjetura, puede los hechos que nos separan de la ruina. El antropólogo descubrió y dejo, ideas de desarrollo a los miembros que pivotan a las cuevas nuevas, entrelazadas, alto, arriba de la tierra, y ahora corriendo en las carreteras de asfalto resbalamos. La nieve que cubrió las montañas no nos abriga mas, nos obliga a morar en rascacielos de las ciudades. Construcción más arriba en fundaciones que cambian de puesto, como las ideas malas que nos dejaron. ¡Resbalante con el muro!

Remontamos los orígenes de la creencia del mito y de la superstición en Catedrales magníficas hechas con el sudor del esclavo, y los centavos del pobre. Se enriquecían los Papas y los Reyes, dejándonos esclavos enlazados y los pobres más pobres. El fanático torció la sabiduría para su bien, y escribieron volúmenes de tontería. Energías del Teocrático de la religión que se convierten dominando todas las esquinas del mundo. Musulmanes que matan a cristianos, y Cristianos con la crucifixión torturan para controlar la mente, y niegan su pecado. Obligando la confesión para saber los secretos y dominar el mundo. Pasando la era de la oscuridad, la agitación religiosa, política, a las eras de la aclaración.

Muchas naciones de estado han venido y se han ido, como Babilona, Persia, Grecia y vagan dejándonos derrumbados. Y nos preguntamos si estaba allí, en todo esto, un plan divino, o al lado completaban un ciclo de ellos, que gobiernan, y pusieron las fundaciones para las nuevas naciones-estados como agencia de las manos de Dios. Cubriendo y intimidando las naciones sin creado, las asiáticas, descubiertas por la caravana que viaja con Marco Polo.

Hemos recibido civilizaciones extranjeras y de florecimientos graciosos de la forma de muchos regalos, así como las virulentas e insidiosas, en medio de las cuales hay ésos que obstaculizan las naciones modernas que se convierten a la libertad. La radicalización de muchas visiones disidentes confunde. No necesitamos ir lejos, pero a la guerra de

Peloponesia, desde más allá nacen las raíces de los disidentes. La confusión del destino.

¿Qué plan Divino la historia revela, si los planes divinos son labrados por la historia, y la decepción—la decepción de la historia—no la otra manera alrededor? Y el amanecer de la razón no se ha levantado completamente con los muchos levantamientos del sol que circundaba. Comienza en estímulos y aunque podemos remontar su movimiento antes del renacimiento, su luz se apaga. Iguale antes de las edades de la oscuridad, ocultando la verdad con el misterio.

¡Pero la decepción no es totalmente de la historia, es del hombre que se engaña y miente a sí mismo! Puestos los hechos de Galileo se partiera la cortina de la ventana al mundo, poniendo a girar en su eje de rotación el planeta y descubrir que no es plano, y la luz del renacimiento fue el rayo del relámpago rompiendo las puertas de hierro de la Religión del dominio Católica. Poniendo en guía la reformación, y los filósofos del Humanismo cavaron la tierra construyendo las carreteras de la ciencia para ser todo le que podemos ser, por cual el progreso de la humanad continua. ¡Una pagina de la historia!

OLVIDE LOS BESOS

Una espada rota, con sangre manchada, siempre es
espada.
Su choque es oído por las noches silenciosas,
Su destello es visto en la luz ayune más brillante.
Historias de horror con sus puntas son escritas.
Los hechos, son hechos para siempre, mil veces
más.

Tribus en hordas hacen viajes dificultosos para
invadir.
A pie, o a caballo rápido ellos suben
Las torrecillas altas derrumbando paredes que
protegen,
Para asaltar y pillar todo lo que ellos encuentran.
Raptando las vírgenes y violando sus almas.
Dejándolas engendrar los hijos del odio. Sin
clemencia
Impregnan con ideas para destruiré el mundo.

Vendan los ojos, para robar la esperanza del misereo,
Rompen corazones por donde quiera, dejando almas infringidas.
Incursiones para la conquista de tierras extranjeras,
Para adquiriré el tesoro, o por el puro placer.
 Estas son las leyendas de sus proezas que nos dejan.

Los glorificamos en juntas y veladas;
A los niños en la cuna les cantamos,
Que nuestros antepasados fueron héroes.
De lado de la cama les contamos cuentos
De los echaos de la historia y el valor del hombre.

Les contamos:
Que las ranas por los besos se convierten príncipes,
Que las princesas se casan con ellos por sus espadas,
Y con el toque de una varita mágica
Ellos abrirán las puertas de cielo. Miraran la cara de Dios.
¡Arrojadamente!

Cultivan el pensamiento que ellos también príncipes serán,
Magos que pueden con la magia de una copa de oro llena de vino,
Y con la espada triunfaran sobre el mundo—
 Olvidémonos de los besos,
¡La sangre mancha nuestras manos!

II

¿Por qué adulteramos nuestras intenciones?

Con montañas y monumentos irracionales,
Catedrales de la imaginación pretendiendo partir los
cielos,
Convenios polémicos. ¡Convenciones!
Aislándonos de la razón viviendo en la oscuridad.

Con las ondas rodantes de Empirismo
 Podemos salir del suelo del océano.
Ver la luz atreve del busque.

Con flujos de palabras imbécil no decimos nada,
Los movimientos de los labios son preguntas sin
solución.
Realmente al fondo no sabemos nada.
La percepción equivoca, el conocimiento no vine
En las mentes vacías como el espacio, niegas de
concepción.

Irónicamente, todas las palabras del sacerdote son
ruido, gritos burlones. ¡No sabe nada!
¿Por qué, inocentemente creemos tales cosas?
Desdeñosamente el humor es perdido en lo irónico.
La blasfemia es sin merito, insignificante por la
decepción.
Y los visitantes nuevos marchan siempre con la
fantasía,
Las oraciones a los dioses, no traen lo deseado, ni a
los malditos perdón.
Manifestaciones de la muerte es mas la verdad.

La muerte no habla de la tumba,
Ni a ti o yo, ni al Sacerdote,

El Lama, el Pícaro, o el Rey.

Que blasfemia podemos hacer con la boca
A aquellos proclamando que lo saben todo.
Proclamando omnisciencia de la mente y
¡Omnipotencia de la voluntad! Nunca
 La proclamación de benevolencia
¡A la humanidad!

III

Si canto con furia, no es porque quiero,
Es para convencer: Porque es difícil,
Comprender porque existen,
Los males a que con desafianza refiero.

Pero el desengaño reveladamente vendrá cuando
Con cuidado tomaremos la merecida
Responsabilidad de nuestra valorada vida.

POR LOS MALES HECHOS ARREPIENTO.

¡O! ¡Convulsiones de corazón!
Terrores que sacuden la tierra,
Adonde me paro sin clemencia o remordimiento.

Excursión de mis ojos en tierras extranjeras,
Paso las noches en sitios prohibidos sin causa o
razón,
Girando la belleza y la fe, fuerte contra el sol. ¡Con la
seducción satisfecho!

Los hechos de tormentos y sufrimiento manchan mi
mano.
La compasión no trae alivio a corazones muertos.
Y la agonía dolorosa de la angustia rompió mis
huesos. Pero no lo siento.

Mis ojos celosos astillan las esperanzas del amor.

Mi sobré vivencia espera el perdón, por los golpes
del destino,
Pero no di excusas, ni ciento la pena de una madre,
Que llora por todos sus hijos caídos.
No tome el tiempo para mirar al frente la verdad.
Sigo repitiendo los mismos errores sin cause o razón.

Mi compasión no es una conciencia profunda,
No revela todos los males que he hecho.
El entendimiento y la razón evaden mi mente. ¡Con
la brutalidad domino!

Desfiguro todas las cosas sosteniendo lo perdido.
Hablo de promesas con palabras para captar el amor,
Pero olvido guardarlo al fundo del corazón.

Pido el perdón por mis infracciones a los corazones
Que he pisoteado. Nadie debería romper sus
promesas de amar.
El tertuliar de corazones, son sentimientos
profundos,

Que el intelecto con palabra no puede enunciar.
Si he entrado tu corazón sin permiso, si rasgó tu alma
aparte,
Sé que soy maldito que dejó perplejo y aplastó el
amor

Sé que me perdonas; pero no puedes olvidar,
¿Pero, si no soy creyente, a quien es que confeso?
¡Y si pido la clemencia a los dioses, me niegan!

PARA LIBERAR EL MUNDO

¿Por qué gritas de púlpitos altos?
Con tono de voz que desafía mis oídos;
Oigo las palabras, pero no te entiendo.

Tus Palabras mueven el descontento en mi alma,
Ninguna tormenta en su estela deja tal desolación,
Ninguna guerra en su marcha deja tal destrucción.

¡Estamos todos ciegos, y ligados, con el Gran
Engaño!

II

La voz en el páramo raso era
Una voz que pide ayuda.
Una voz perdida en los desiertos por cuarenta
Días largos, y cuarenta noches obscurecidas.
¡Destorciendo el destino!

Las voces que rugen de los púlpitos
Han perdido su fuerza y su furia.
Ellos ya no nos envían a la tumba del infernó,
Solo son llantos para arrepentirse, de nada.
Los himnos en falsete son cantados,
Solo resuena el timbre de la lamentación.

Los lasos de la ignorancia que sufocan
El alma, oprime con estrangulación.
Tampoco intimada el falso poder, asumido.
Ni más en rodillas sangrantes sí pede el perdón, de
nada.

El mundo debe de despertar a todos,
Los dogmas equivocados.
No todos los garabatos de escrituras
¡Fueron divinamente inspirados!

III

Pueden romper el intento de mi voluntad,
Con barras de prisión esconderme,
Pero nunca mi alma, o el espíritu encerar.

Pueden encarcelar mi cuerpo
Contra mi voluntad,
Pero nunca con palabras falsas de los púlpitos
predicar

Mi fe, o dirigir mi destino.
Nunca mi creencia puede cambiar.

Sólo la verdad nos hará libere;
Solamente: "Solo la verdad liberara
Al mundo".
Sólo predicando nada, pero la verdad,

¡El mundo será liberado por la mente,
En toda su realidad!

CABEZAS CON IGNORANCIA LLENAS

La rigidez de esos que creen en la fantasía,
Es una rigidez que supéreme el acero,
Es una espina de herró que obstruye la razón.

Es una religión para ellos que los obligan
A vivir el mito de su vida con devoción
Y nada los ase ver el error de percepción.

Andan perdidos en las olas de la decepción,
Y viven toda sus vida sin saber porque,
Ni antes o después del sepulcro ven la razón.

Con sus ojos detrás de bandas negras—
Ni él birló del sol se vuelve tesoro o
Luz penetrando, las cabezas con ignorancia llenas.

MENTIRA Y FALSEDAD

¿Que esperanzas tenemos si la muerte nos persigue
Sin cesar, ni los dioses poden intervenir?
La muerte es cierta y final. ¿Porque es que creemos
Que resucitáremos volando con Anglés en los cielos,
Porque evadimos le evidencia negando la razón?

¿Porque nos engañemos con falsas esperanzas?,
Que la vida es más de lo que es. La vida es
Lo que es, debemos de nuestra potencia hacer
Lo que podemos hacer, no más, no menos.
¡Todo al contrario es mentira y falseada!

Las víboras no solo se arrastran en el suelo,
También con gancho de los cielos bajan;
Sin crujido su torcedura fuerza oprime el alma,
Con lanzas rápidas picaduras, silencio envenena la
mente.

La vanidad no nos ase ver la verdad, ciegos estamos.

El que nace ciego no ve en la distancia el horizonte,
No ve los valles, las montanas, el brillo del sol.
La realidad para ellos es, lo que les dicen que es.

La delusión del hombre es sus ilusiones,
Es el escapo, o la prisión donde alucina.
Porgue seguimos andando donde vamos,
Perdidos de dirección, contra la mente y el corazón,
¡Es tiempo de ver los pasos adonde andamos!

QUIÉNES SON ELLOS

¿Quiénes son ellos?
Empujando sus pertenencias escasas, preciosas,
Abajo inclinando, las calles deslizadizas,
Apenas reteniendo sus carros con ruedas rotas,
Mentes rotas, corazones palpitando, talones sucios .
Si ellos no han comido desde ayer por la mañana,
Este podría ser una tarea, aplacar
El sentimiento arremolinándose de vientres vacías,
Y cabezas perturbadas.

¿Ellos son la persona sin hogar, pero quiénes son
ellos?
¿Dónde vinieron, y donde van?
Vista de sus pasos vacilantes, en ninguna parte
andando,
Con ansiedad, me pregunto donde
Ellos estaban ayer,
¿Qué hacían ellos, ni esperaban su destino?

En esto preguntando si hay una dirección
De la miseria humana, esto no es un juicio,

Ni compasión, es un sentimiento de empatía.
Me veo ayudar empujando esos carros rotos.

Detrás de caras sin afeitar el ojo en blanco,
Perforación miope del cielo;
Compartiendo del espacio que espera reconocimiento
Para los transeúntes, y sus memorias olvidadas.
La suciedad reforzó el ocultamiento la angustia sin
ropa
Y reforzó labios secos, encubrimiento de las
palabras mudas. ¡Silencio!
Los pies descalzaos ardientes.

La vista de campistas a través de la calle,
¿Me pregunto quién ellos son?
En aquellas tiendas de campaña precarias.

Aparecen como burbujas después de la lluvia,
Muchos, como hojas que crujen en la tierra,
Caído después de tormentas inesperadas.
Hojas de sus ramas caídas
En la tierra marchitadas
Hacendoso inútil como escombros.

Los campistas esperan que el viento no van a
Derrumbar sus tiendas de campaña, no el pillar,
De hachas oxidadas con que los tallan las
autoridades.
Si no hay ningún lugar para acampar,
¿Dónde más pueden ellos ir, de quien es la tierra?

Si ellos pudieran evitar la derrumba , estoy seguro
que lo hagan,
Pero ninguno de nosotros puede escaparse de si
mismos,
Ni de la imagen anónima en el espejo;
La falta de hogar refleja un imagen de nosotros.
¡Escondido!

Hay tantas historias cual nunca contó,
Tantas canciones que ellos pueden cantar,
Pero nadie se para a escuchar
A la persona sin hogar.

¿Quiénes son ellos, la persona sin hogar?
Padre de alguien, hijo de de su madre,
El hermano o la hermana extraviado.
¡En ciertos modos todos, somos!
¿Quién la cúlpala tomará?

DEMASIADO AFLIGIDO
PARA MIRAR

Mis pasos rotos de la mirada, que yo seguía,
Rotos miran la tierra castigada.

Las hojas que aparecen abandonadas,
Ellas no tenían ningún lugar adonde ir, cuando los
vientos alrededor las empujaban.

Ellas podrían cantar las canciones de los torbellinos
que las agitan,
Pero alzando la vista de donde ellas se esperan, ellas
sintieron
Pena para los miembros desnudos de los árboles
donde se soltaron, sobresaliendo,
Solo el cielo. ¡Con vistas de esperanza!

Hojas abandonadas, miembros desnudados que los
vientos han devastado.

El árbol con todas sus raíces fuertes se levantó
respondiendo
Contra el viento, como cuando cualquier padre hace
una raya, que curva el desastre, del hijo
Y alear el destino can las ondas del mar que apolillan
los cielos.

Pero puse en la tierra, solo pasos perdidos.
Reanudando mis pasos,
Marché preguntando lo que yo podría haber hecho
— si yo fuera,
¿Un árbol?

¿Si yo fuera un árbol con raíces fuertes habría puesto
pasos firmes en la tierra?
¿Podría yo haber hecho un poco mejor lo que las
hojas alrededor empujadas?
No pueden hacer.

Pensé que oí revolver, un llanto,
Una risa atontada, una canción sin tema,
Pero yo estaba demasiado afligido, para mirar
alrededor.

Seguí andando, pensando en la separación y la
destrucción, el perdido en el misterio;
Del dolor y angustia que la muerte trae, por qué la
pena trae desgajas llorosos,
¿Y por qué no podemos contentarnos?

¿Por qué no podemos parar el corazón que salta?
¡ Las venas que palpitan con sangre!

Por qué los árboles con raíces majestuosas pueden ser desalentados por un soplo dañoso del viento.
¡Silenciando el llorar de la madre!

Sin embargo, por qué las hojas en el crujido de la tierra, poden a veces juntarse y el maquillaje sentir con amor
Y con todas sus angustias cantar, las canciones del torbellino?

EN MEDIO DE NINGUN HOGAR.

Buscando estos muchos años por las historias del
tiempo
La esperanza de encontrar, 'cual soy', no lo he
encontrado, ¡Nunca!

Y también es "nada" que usted encontrará.
Excepto el Vacío relleno del "El estar".

Lo que somos no puede ser definido, no por las
palabras del filósofo,
Ni por toque de varitas mágicas, cánticos religiosos,
y la rima del poeta.

De árboles hacemos pape, papel y árboles a la vuelta
se vuelven ceniza.
Lo que he encontrado: no tenemos ninguna forma,
matiz, ni color—
Ni principio o final.

¡Allí en este centro de ninguna parte, soy feliz!
He aprendido a viajar el infinito y llenar el vacío.
Contento al cuando las aves estarán volando,

La infinidad no tiene ningún principio o final,
La eternidad es sólo un ensueño.
¡El Absoluto es dónde nuestras esperanzas se mueven
en espiral!

Solo son puntos por el cual el Alma suele viajar.

Con todos nuestros pensamientos y hechos, no
estamos absolutamente seguros,
Tampoco podemos predecir un destino, sin el pensar.

El entregamiento consuela, lo que ansiamos son
sensaciones demasiado breves,
Todos los castillos que poseemos son células que
encarcelan.

Lo cierto que tenemos que aprender, evitar la muerte
y vivir con alegría.
Esto es lo existencial.
En medio de en ninguna certitud saboreando la
ilusión,
Podría muy bien ser todo, ¡ Un sueño!

PAVOR EXISTENCIAL

¡Mi pavor! Extiende más allá del recuerdo.
Más allá de las impresiones de las hojas de los
sentidos de mí ser.
Me he olvidado de adonde vine, nunca tengo una
idea,
Ni una inclinación, donde debo de ir.

Estoy perdido en los desiertos, ascendiendo las
montañas más altas,
Me desvió. Crucé los mares abiertos de par en par.
Cortando abajo del bosque,
Planté muchos árboles. Con todo mi tormento y
alegría
Lamento siempre la vida. ¡Vivir sin saber!

Mi pavor existencial me frecuenta del nacimiento al
sepulcro.

¡No saber por qué nací o cuándo moriré es una
afrenta,
Una palmada al intelecto, una fuerte a la cara!

El hecho que puedo hacer estas preguntas sin
respuestas contestando, sin saber,
Es una charada. El hecho que imagine el poder del
cielo, es
¡Burla!
El hecho de que erige un infierno con la mente,
Es castigo echa de las sombras de sí mismo: ¡Me
eluden!

Mi incomprensión causa la aprehensión de la vida.
Pero para
El sol y la luna, y las estrellas, las sombras que eché
caminando,
Solo, en los desiertos serían abatimiento perdido.
 ¡Afuera de los cielos!

El desfile de la vida es una parodia, esconde una
mascarada,
El vivir con la incomprensión es terrible, niega a la
razón.
Pero, es mejor vivir incógnito, que nunca haber
vivido. ¡Racionalizando!

La futilidad de la vida no tiene causa o razón,
Pero es causa de la angustia y la desesperación,
Por cual, el anhelo y la esperanza son merecidas.

El furor y terror de la vida es el pavor existencial,

Por cual pasamos la vida buscando sin causa y razón.
Sin embargo, si la vida fuese toda buena, la ansia

De saber porque, no nos deja descansar. La realidad,
¡Eternamente seremos intranquilos—sin cause o
razón!
La existencia existe por que existe—el hombre
también.

VOLUNTAD DEL HOMBRE

El pájaro rojo que de tu ventana vuela,
Notas de ansias a mi ventana lleva.
Pero, nada del amor perdido revela, sino,
¡La destrucción mundial de la guerra!

Ni porque el corazón del hombre,
Se calla, y se niega.

El desparpajo de las nubes y
Desfilo de las estrellas,
Nos obligan ver más atrás de las aves,
Que vuelan.

A ver más atrás de la mente confusa
Con todo el brillo.

Si se pierde la fe.
¿Que fe puede tener
Las notas que nos dejan,
Las paginas de la Historia?

Pero, con todo lo dicho,
Es el sabio quien lo sabe,
Que la pérdida del amor y destino
Es voluntad del hombre.

¿De quien es la perdida del hombre?
Si es él, que pierde la voluntad.
Un destino sin porvenir,
¡No vale la pena!

LOS SENTIMIENTOS SON NUESTROS

La ilusión no tiene borde, ni la imaginación paramito,
Ni tan poco la mente del hombre,

Pero todo lo que él piensa, no es verdad:
En veces equívoca la fantasía por la realidad.

Las nubes ocultan, y el sol nos siega,
Los cielos no tienen lastima o piedad.

La verdad es que tenemos sin falta,
Lo que los dioses nos niegan:

La clemencia, altruismo y la virtud,
Son sentimientos, de nuestra humanidad.

¡El hombre es noble en su ser; nuestra nobleza es,
La generosidad y la magnanimidad!

DE QUE IMPORTANCIA ES LA VIDA

Si todo el dinero fuese tuyo
Y eres el hombre más rico del mundo,
Y no puedes darme el amor,
Y por lo tanto me niego también,
¿De que es el valor?

Y si no siento tu aliento
En los llantos del funeral,
Y tu voz se calla por
Los sentimientos diversos,
Mi vida seria más sin valor.

¿De que importancia es la vida?
Si se niega el amor.
Pero, es de mucho el saber,
Que ninguno nos pude dar,

Lo que no es del para dar.

Desesperadamente esperamos,
¡Una vida sin dolor!

CORRIENDO RAPIDO

Camino rápido
Para alcanzar el tiempo
 Sobrecogiendo el
Avancé del día
Corro antes del viento
Adelante de la mañana
Más rápido antes de la noche
Que me deja desnudo
Adonde simulo la muerte
Sin abrigo del cielo
Mañana corriere más rápido
Adelante de la vida
Corriendo paso la vida
Al final la muerte gana...
Me sobrecogió desprevenido
A pesar el esfuerzo la sabiduría.

BALSAS DE PAPEL

El cruce de los océanos fue en balsas de papel,
Atadas con los tendones del corazón.
Pies en tierras lejanas, se echaron mas adentro
Las bestias para hacer de las selvas el hogar.
Forjamos los ríos que encontramos poniendo
La fundación de los imperios de la dominación.
Erigimos catedrales en las montanas para atraer al
infiel,
Pero los Imperios más fuertes se desvuelven,
Las Catedrales más divinas por su decepción caen.
Si estos son los echaos de la civilización,
Parece que nuestros intentos no nos hacen bien.
No hay más selvas para devastar, océanos para
contaminar.
Ahora que nuevos caminos camináramos
¡Para no cometer, los errores del pasado!

SI LOS CIELOS SE ROMPEN ABIERTO

LA VIDA ES NUESTRA

Se dice, que los dioses la vida nos dieron,
Sin pedir, de esto todavía buscamos la prueba.
Lo que se sabe por cierto es que la vida tenemos,
Y que de ella tampoco ninguno pudo huiré.

No hay un rincón en todo el Universo escondido
Adonde nos podemos esconder.
De verdad no hay lugar alguno de adonde
Venimos o podemos ir, el propósito misterio furtivo.

También de nuestros echaos no podemos correr
Ni de las consecuencias podemos escapar,
Porque nos persiguen como nuestras sombras
Que circulan con la rotación del sol.

Del lugar o el tiempo de nacimiento no nos da
De saber, tampoco el tiempo de morir.
Pero dado que la tenemos la vida es nuestra,

Que hacemos con ella importa, solo antes de morir.

II

Profesamos que hay cuidadas en los cielos
Adonde podemos sin sufrimiento vivir,
La realidad negando por la imaginación,
Fanatizamos, la otra es mejor, que la que tenemos.

Somos atados a la vida
Porque de la vida somos,
El que piensa que puede disolver
El nudo, solo se desilusiona.

UNIDAD CON EL UNIVERSO

Este sentimiento "de unidad"
Que tengo con mi Universo,
No es un sentimiento extraño o neurótico,
Pero es un sentido de pertenencia,
Y paternidad.

Los gritos y el gritar es el ansia,
Para regresar al abrazo eterno.
Los Delfines surgen los mares, las Aves vuelan el
cielo,
Pero no dudan, o preguntan, porque son, lo que son.

¡Ni yo mi unidad con el Universo!
Cuando suelto el sentido de me ser
En el sueño, pierdo el conocimiento en la ampliación,
¡Siento las estrellas que retornan mi abrazo!

Con sus ojos de luz coquetean, atrayendo mi amor.

O, si no por este sentido de pertenencia—
No tengo otro pecho adonde descansar,
¡No tengo otro abrazo adónde más ir!

II

El egoísmo que nos sumerge al fondo
Del mar, se debe desahogar. Cada surgido de las ondas
Que en las playas sé quiebran, el alma redima,

La comprensión y los rayos del sol también,
Con su luz podremos ver nuestra hermandad.
Y que, de los átomos de las galaxias descendemos.

EL JARDÍN DE LAS FLORES

Las aves vuelan al infinito cielo,
Pero regresan sin consuelo, al espacio
De mis brazos abiertos, vacíos con la nada.
Sin recursos desconsolados se van, no sé a donde.

Las abiertas heridas de mi pecho tan poco atraen
Las abejas de su vuelo, porque ellas lo saben,
Que la dulzura no esta en el pecho ni en el cielo,
Pero solo en las rosas, y el jardín de las flores.

OYE EL SILENCIO

Cuando se oye el silencio
Aprendemos a oiré. El silencio habla,
Dice más de lo que se comprende,
Como la oscuridad esconde más
De lo que en la luz se ve. El ciego también.
Hablando se dice menos de lo que
Se entiende. Las palabras son mudas,
Se acomodan sin saber porque.
La soledad es llena y la multitud sola,
Sin palabras hablamos, sin luz vemos.
La soledad acompaña en la multitud,
El día puede sé noche si se duerme.
Siempre se pierde el sueño al despertar,
¡Pero el silencio lo sabe todo!

LA MUSICA DEL SILENCIO

Con la evolución se convierte
Energía a materia,
También, del vacío brotan
Infinitas estrellas.

Con ella emergió la vida,
Se convergió la oscuridad
A luz,
Y florece el paraíso de la tierra.

Se convergió el silencio a música.
La soledad en multitud.

La avaricia a bondad,
La ignorancia a sabiduría.
El odio a amor.

De lo primordial se sabe nadad,
El futuro es solo de ella.

Ruego, que no nos quite
La vida, nos enseñe vivir.

Porque parece que hemos
Todo Convertido al contrario
De lo que anterior fue dicho.

VER DETRÁS DE LA OSCURIDAD

En la distancia miramos al mirasol
Con sus pétalos amarillosos
Radiantes con la luz del sol.
Sus ojos único mirador, ven
Al mundo todo alrededor.
En la noche con la luz de la luna
Sus cabezas inclinan en adoración.
De lo divino un ejemplo nos dejan,
De lo maravilloso que es la vida
Si lo sabemos con gusto saborear.
Mas de la belleza de la naturaleza
Con los ojos abiertos se pueden ver,
El secreto es ver detrás de la tenebrosidad
Detrás de los impedimentos, la oscuridad.

PORQUE SOMOS INQUIETOS

La trompeta de triunfo del ser humano
Suena en la mañana. Cada mañana, al amanecer
Nos trae la esperanza de un nuevo día,
Una vida nueva, para hacer de ella alegría,
Viveral con placer sin prejuicio o maldad.

Los pasos en el lodo, él entreteje en las selvas
No nos destruyo. El esfuerzo nos hizo la luz ver
A lo lejos, al final, al fondo del sendero.

El deseo de volar es para lo alto alcanzar,
Mientras los pasos deben ser, firme en la tierra.

La inspiración nos hace descubrir de tras las estrellas.
Y hemos volado y hasta el espacio conquistado.

II

Con todo lo consumido y relazado,
¿Porque somos intranquilos y inquietos?
Nunca nos satisface lo que tenemos.

Inciertos de lo que es la vida nos extraviamos
Buscando a fura, lo que adentro tenemos:

El poder de pensar, razonar y reflejar por el cuál
Cada nuevo día, nuestro destino podemos forjar.

A QUE MORAL MÁS ALTA

¿A que moral más alta podemos anhelar?
Si los brotes del mal arraigan en el corazón,
Florecimiento de padres perdidos al niño recién
nacido.

Si el aliento del agua vivificante ahoga,
También el aire de la atmósfera que aspiramos,
¿Y las nubes que se arremolinan esconden el sol?

¿Es la inmoralidad del Humble más devastador,
 Que las que la naturaleza proclama?
¿Es la moraleja del bien más eterno que
El aliciente natural, por la naturaleza demostrada?

Sí en convalidación de nuestra acción,
Proclamamos el bien sobre lo malo.
¿Qué moraleja de bien, lo bueno hace sobre lo
natural?

Todas nuestras proclamaciones son racionalizaciones,
 Todo es engaño, la moralidad es del hombre,
"Él", es moral, porque de su conciencia él sabe,
¡La distinción del bien sobre el mal!.

Sabe implorar a los cielos con ambages intenciones,
Pero no alivia la ingrata tristeza de su descontento.
Sabe poner fin a la violencia negra de su alma, pero
no lo hace.

Sabe mitigar los rigores inconvenientes de la
existencia,
Con su profundo sentimiento y inteligencia puede
vencer
La ignorancia, la avaricia y el odio, pero no lo hace.

 Pero No hay tribunal mas alto a que podemos apelar,
Que al rigor estricto de nuestra conciencia
Y si no la tenemos, malditos seremos toda eternidad.

YO PIENSO

Yo pienso y en mi mente el espejo
Hace reflejo de nostalgia indeterminada
Como un retrato de la vida desvaneciendo
O el sueño automático involuntario
Inconsciente sin zapatos caminando
Sobre las nubes de flojo algodón
Pero sintiendo la arena entre los dedos
Pienso de las espinas que lastiman
Las esperanzas lacerando el anhelo
Y la soledad de la melancoliza es
La razón perdida da nuestra memoria
Yo pienso y en mi mente conozco el reflejo
Del espejo ideal de la vida que proyecto
Espontánea esperando con afán explorando.

SÍ OYES MI CANTAR

Sí a través del tiempo ido o del para venir
Te paraste, o pararas al borde del mar,
Adonde las olas se quiebran, ¿oíste—
Las Gaviotas hablando? ¿Las vistes volando,
Siempre buscando el pez para agarrar?
¿O, pasaste el tiempo viendo las nubes desaparecer?

¿Que es lo que pasó el viento pensando,
Que es lo que pensara a aun para venir?
Al lo largo, ollares el viento rumorear,
De las canciones de las serenas del pasado,
Las que aun queremos oír del porvenir.

Si paras a oiré me cantar, tienes que ir
Mas atrás de la cuna que el sol arrulla.
Mas atrás del misterio místico de la luz de la luna.
Mas atrás de adonde nació el viento.
Despertar antes del adormecer de las olas del mar.

La atención del asombro revibración del ritmo,
Abriendo los ojos más abetos que el mirasol.
Oiré el movimiento del marcador de tiempo,
Con los pies acompañar, con el corazón sentir.
Sentir mas que los sentimientos del pasado.

La vehemencia de mi cantar no es para mi voz oiré,
Ni para la tuya silenciare, sino, para el anhelante
De un rincón de la mente con la luz alumbrar.
Con la emoción sentir la fragancia y la belleza
De la flor. Oiré, el melodioso canto del ruiseñor.

El aguzamiento no es para dormir, es atender,
El conocimiento del intelecto rígido reinado—
expedir
Con concentración. Sentir el sentimiento de cada
canción
Que dejara mirar el brillo del sol, la calma del mar;

¡Saber que lo que las gaviotas cantan son mas
Que canciones del viento, son canciones de amor!
Saber que la metáfora de la canción refleja la vida,
¡Y la alegoría no se uso para mentir!

AL FINAL

SU POTENCIA DIVINA

Desmoralizados pero con esperanza perseguiremos el
sueño.
El anhelo del hombre esta solo en su mente y su
voluntad,
Su destino esta en sus manos, es del para hacer.

Y siempre es importante recordar
Que la nostalgia no alivia el dolor,
Ni, la Reminiscencia el vivir;
Sin benevolencia la misericordia
No alivia la miseria.

Pero, lo es, poner cuidado
"En lo que creemos y lo que pensamos,"
¡Entonces los recuerdos serán de alegría y placer!

Lo que debemos saber,

Cada amanecer es una nueva vida,
Para hacer de ella,
Lo que el demonio o santo antojo
Nos da de hacer.

¿Que ideal más merecida podemos entretener,
Que la elevación de muestra humanidad
A su potencia divina?

LO QUE SABEMOS

Los océanos tienen los mares,
Los mares tienen las ondas.
El espacio tiene el cielo,
El cielo tiene las nubes.
La galaxia tiene el planeta,
La tierra tiene la vida.

Dios tiene su reino,
Su reino tiene el paraíso.
El diablo tiene él infernó
Él infernó tiene el fuego.

Con toda esta magnificencia,
El hombre aparece humilde pero
Tiene la responsabilidad...
De todo:

Lo feo, lo bello, lo malo, lo bueno, y
¡Todo el Universo además!

Por que él tiene la inteligencia,
Y sin la mente nada existirá
Como creemos que lo vemos.
De la mente sale toda la sabiduría,
Pero desgraciadamente todavía,
También...
¡La ignorancia, y la superstición!

EL DIOS SIN NOMBRE

Dios no tiene nombre
El nombre de Dios es el nombre
Que el hombre le dio al vació extenso
Que no ve o puede entender.

Dios no tiene visión
La visión de Dios es
La visión del hombre
Que ve a Dios tras la asumida realidad.

Dios no tiene vida
La vida de Dios es otra que
La vida del hombre
Que no entiende que no sabe vivir.

El Dios sin nombre
Le dio al hombre
La vida para hacer de ella

Lo bueno por su libre voluntad.

Pero es bueno saber
Que el Dios sin nombre
Favorece al hombre sin escoger
Es el hombre que su dios escoge.

Dios no tiene nombre
Ni tampoco puede tener dueño
¡Si los cielos se rompen abierto
Revelara la verdad!

EL ETERNO AHORA

Sólo en el momento presente,
Vivimos, abrazamos con la alegría.

No esté doloroso para su ayear,
Ni distraído por preocupaciones de mañana;

Ya que usted vive sólo en sus pensamientos,
Estos ocupando su atención,
¡Un instante, en el evanescente ahora!
Deje a sus pensamientos ser, amor incondicional.

Es sólo cuando vivimos Enamorados,
Y compasión, vivimos infinitamente,
¡En el eterno ahora!

Después de todo dicho, pareces que perdemos algo, necesitamos algo. Quizás, cuando dijimos al principio, la canción popular era correcta. Lo que las necesidades mundiales son ahora es el amor, el amor dulce. Aquí está una perspicacia que me fue dada. Si sentimos empatía con cada grano de la arena; y enviamos el amor y la compasión a cada humano, y todas las criaturas en la tierra. El Universo nos compensará con amor y abundancia; y hasta los dioses nos revelarán sus secretos.

Así, aquí usted lo tiene, el secreto de como vivir enamorado y con abundancia en el eterno ahora. El amor es a la gente como la gravedad es al Universo. Los científicos no saben lo que la gravedad es, ni los psicólogos saben cual el amor es, pero sin ellos, esto sería caos. El Universo sería sin forma y desorganizado sin el poder de la gravedad; y tan sería la gente sin el poder de amar. ¡A concluir, el amor no es ninguna cosa ordinaria, es misterioso y místico, y cuándo amamos incondicionalmente, compartimos y participamos en el Devino! El conocer esto debería darnos el coraje para vivir pacíficamente, sin tener en cuenta la circunstancia.

EN TUS BRAZOS QUIERO VIVIR

Dejadme morir en tus brazos eternos
Porque si enamorado de ti muero
Mi alma con amor seguirá viviendo.
Dejadme morir en tus brazos eternos
Porque si sin haberte amado muero
Ni en el eterno seguirá viviendo
En tus pechos amando prefiero vivir.

Dejadme morir en tus brazos eternos
Con vuestro amor glorificar la vida
Que enamorados la hemos pasado.

Dejadme morir en tus brazos eternos
Que si de la vida nos tendremos que ir
Al infinito levaremos amor eterno.

110

O, FORMA DIVINA

O, dulce mujer de forma divina,
Gasas de manto transparente, templos declinados
decayendo.
Nubes adornadas volando con el viento,
Almas sacrificadas por un sol trascendente.
Alcazabas y tabernáculo, oraciones ancianas vendido.
Manos del mal, frutas prohibidas en el Paraíso
siembran,
Cuna de estrangulación, los tentáculos históricos
oprimen.
¡Incienso perfumado, fumo primordial remoliendo!
¡No olvides,
La miseria del adorador!
O, diosas del amor abandonado.
Ondas imaginativas espirituales fallecidas,
Postrados de cuerpo, mente y alma estamos.
¡Por tu dulce forma perfumada traicionados!
¿Pero que esperanza tenderemos,
Sin la bendición de los Dios que adoramos?

LAS ESTRELLAS SIEMPRE BRILLAN BRILLANTE

O, inclinaciones del bastidor oculto ¡Divino!
Metáforas a los incorrectos ponen derecho
Cuando la oscuridad de pensamiento puede ser
encendida
La incineración de mil velas por la noche. Alumbra.

O, rayos de amor ambiguo
Elogie a Vírgenes inocentes dándoles,
Infinito la vida de nacimiento eterno
Estrellas que para siempre brillan brillantes.

Proyecciones elípticas
Después de curvaturas que encantan.
De imágenes espaciales de los perdidos.
Pasadas civilizaciones del pasado.

Rayos reflejados de luz que se dobla
Historias de pensamiento que vibran
Con el latido de cada corazón
¡Ningún pensamiento o latido son perdidos!

Eche mas que migas de la Sabiduría y Fe,
Deje su luz del entendimiento
Parar los ojos dormidos.
¡Enciende los pliegues oscurecidos de la mente!

EL ALMA RECLAMA

El alma no tiene oídos,
Pero oye las canciones.

El alma no tiene forma,
Pero, toda belleza sostiene.

El alma las fragancias aviva
Las rosas en el jardín.

El alma es ciego, como el amor
¡Pero es el alma que reclama!

Los sentidos del alma son infinito,
¡ Las causas de la eternidad, es!

UNAS PALABRAS DESPUÉS.

A continuación de lo que hemos estado diciendo, nosotros, la gente, tenemos un problema; es un problema de identidad. Por los años, por la antigüedad, hemos estado preguntando, 'Quién soy yo.'

Para saber sobre nuestra identidad, tenemos que pensar en nosotros, y sólo podemos pensar en nosotros levantando un pensamiento; y el primer pensamiento es, 'soy,' entonces nos dejamos con la pregunta, 'a quien le ocurre este pensamiento'. Cuándo hacemos esto, no encontramos 'un Pensador'. Todo lo que encontramos, es el pensamiento que, soy, y que se ha elevado de la nada. En otras palabras, tenemos que pensar que nosotros 'Somos'. El pensamiento, yo soy, y todos otros pensamientos sobre nosotros y el mundo, y nuestra existencia, proviene de un estado abierto, sin dimensión, que no tiene ninguna forma o figura, ningún principio o final; surge de un impulso de la vida que es, la Intencionalidad.

El pensamiento que soy, crea un sentido falso de la identidad que vestimos con más pensamientos que forman un Autoconcepto, o el "ego'", si usted va a la ilusión, que somos una entidad separada de lo que percibimos. Sin embargo, la verdad es, todo es interconectado, ínter-originado; sólo es pensamientos relacionadnos con otros pensamientos que crean el espejismo que llamamos la realidad. De este primer pensamiento, que soy, elaboramos embrollos complejos de sistemas de pensamiento para mantener la ilusión; que somos individuos en un mundo concreto. Estos sistemas de pensamiento son la Filosofía, el Sociopolítico, económico, la Religión y Ciencia. Con la imaginación, pensamos que estos sistemas de pensamiento representan una condición concreta, y la realidad es, que, de hecho, no existe. Tenemos alucinaciones todos, viviendo una vida ilusoria en una ilusión de nuestra fabricación.

El punto importante, que deberíamos agarrar es que tenemos la opción y el poder de hacer la clase de mundo en el que queremos vivir. El mundo presente en el que vivimos, es lejano del ideal; es el resultado de todo que hemos pensado. Si queremos cambiar el mundo, debemos controlar y cambiar nuestros pensamientos, para crear nuestro mundo colectivamente e individualmente; ya que el Universo percibido, sólo es pensado, lo que pensamos que es.

Hacemos todo este pensamiento con una entidad asumida que llamamos, "la mente." Sin embargo, no hay ninguna mente como una entidad en el cuerpo humano o el cerebro, o en el Universo, en realidad. ¿Cuándo decimos, 'mi mente' o 'tu mente,' a qué señalamos? ¿A qué nos referimos? Solamente a nuestras proyecciones. El tercer secreto que me fue revelado, es que lo que llamamos la mente son procesos interrelacionados, cognoscitivos complejos, y que éstos ocurren sin cesar en nuestros cuerpos entero. Y también, que nuestros cuerpos y el Universo no son sólidos y están en cambio constante y son interpretaciones, y, en interacción el uno con el otro, inquebrantable. Esto es por qué ha sido dicho por otros, "El universo es mi cuerpo, y mi mente es la mente universal." Yo digo que el Universo es como por los sentidos lo sabemos, es un construcción mental creado y proyectado por los procesos cognoscitivos del cerebro. Pienso, si entendimos esto, viviríamos todos, nuestra vida diferente. Somos sólo una Idea que flota en ondas indeterminadas de la probabilidad.

En el cierre quiero repetir los sentimientos que expreso en algunas de las líneas en el poema, POR LOS MALES HECHOS ARREPIENTO.

Pido el perdón por mis infracciones a los corazones
Que he pisoteado. Nadie debería romper sus
promesas de amar.
El tertuliar de corazones, son sentimientos
profundos,

Que el intelecto con palabra no puede enunciar.

Si he entrado tu corazón sin permiso, si rasgó tu alma
aparte,
Sé que soy maldito que dejó perplejo y aplastó el
amor.

Espero haber acalarado
Algunos Mitos y Superstición.
Dispersado nubes de obstrucción.

Dejadote el Cielo Abierto
Viendo la ilusión del horizonte
Quitadote bandos de obscuración

Dado el alumbre de saber:
Solo con vuestros ojos propios
Podemos saber ¡Que Somos!

Sobre el Autor:

Thomas P. Lind, es retirado; Fue el Director del Departamento de Servicios Dietéticos y Alimenticios en, The New York United Hospital Medical Center de Port Chester, N. Y., donde él también enseñó clases en teoría y practica de Biofeedback, en la escuela de Encefalografía. Él ese Graduado en Filosofía y Psicologías. Era miembro del Colegio Internacional de Nutrición Aplicada, y de la Asociación de Hospitales Americana, y miembro asociado correspondiente de la Academia de la Psiquiatría Ortho-molecular. Era miembro también de la Asociación Americana de Educadores Sexuales, Consejeros y Terapeutas de Washington, D.C., y es un Terapeuta Sexual Certificado. Es certificado en la Terapia de Orientación Racional Emotiva por el Instituto para el Estudio Avanzado en la Psicoterapia Racional, fletada por los Regentes de la Universidad del Estado de Nueva York.

Otras obras: Cinco volúmenes de Poemas: VERD ES EL JARDÍN; EL VUELO CON GAVIOTAS; UNA CASA EN EL ESPACIO; SI LOS CIELOS SE ROMPEN ABIERTO; PIDIENDO LA RESPUESTA AL PROPÓSITO. Obra de filosófica / psicológico, practica: LA REALIDAD DE LA VIDA QUE NOS ES NEGADO.

SI LOS CIELOS SE ROMPEN ABIERTO

www.ingramcontent.com/pod-product-compliance
Lightning Source LLC
Chambersburg PA
CBHW060522030426
42337CB00015B/1974